Mamma Signes handväska

MAMMA SIGNES HANDVÄSKA

Margareta Björndahl

Tidigare verk:

Biblia Pauperum Medeltida bilder med svensk text ur Bibel 2000, B4PRESS, 2008

Labyrinten Personliga funderingar kring Sixtinska kapellets tak, tryckt på B4PRESS, 2008

Peregrini, B4PRESS, 2009, roman

Apokalypsen Medeltida bilder med text ur Bibel 2000, B4PRESS, 2012

Flickläroverk och Universitet Vi följdes åt, tryckt på B4PRESS, 2014

Möjliga och omöjliga människor, korta noveller, BoD, 2015

Kalejdoskopet, en tankebok, BoD, 2017

Omslagsbild: Margareta Björndahl

Margareta Björndahl: Mamma Signes handväska

© 2017 Margareta Björndahl
margareta.bjorndahl@comhem.se
www.margaretabjorndahl.se
Förlag: BoD, Book on Demand, Stockholm, Sverige
Tryck: BoD, Book on Demand, Norderstedt, Tyskland

ISBN: 978-91-7699-571-6

~ TILL MAMMA SIGNES ALLA ÄLSKADE BARNBARN, DERAS BARN OCH BARNBARN ~

Signe Ahlbäcks 70-årsdag 2 september 1965.
På bilden ses stående från vänster:
Mats, Christina, Sven-Olof, Lilian, morbror Albin, Marianne,
Per-Gunnar, Sven och Lennart
Sittande:
Margareta, Signe, Ingwar och Maria
På golvet:
Pernilla, Charlotte (Lotta), Per, Anna och Tor

~ INNEHÅLLSFÖRTECKNING ~

~ En handväska står på bordet ~

Gäster, som inte besökt mig tidigare, brukar kommentera handväskan som står på det lilla bordet vid soffan. De tar för givet att det är min! Deras inställning till användning av hotade vilda djur avslöjar sig i en liten skiftning i rösten. En krokodilväska! Vem är jag som demonstrativt har ställt fram den? Ännu har ingen vänt i dörren och jag skyndar att bekräfta att handväskan inte är min utan att den tillhört min mamma. Hon har varit död i över trettio år.

Är det släkt och särskilt om det är yngre personer brukar jag uppmuntra dem att öppna väskan. Det sker med stor försiktighet och tvekan. Får man öppna en annan persons handväska? Jag bekräftar att det är tillåtet att öppna den här väskan. De tittar försiktigt och nyfiket ner i väskan och efter ytterligare uppmuntran vågar de ta upp ett och annat. Det är spännande! Det är ett äventyr för dem och det är en härlig upplevelse för mig att undersöka innehållet.

Den vackra väskan var mammas gå-bort-väska. Damer har ofta flera handväskor för vardag och fest, resor och shopping. Den här var mammas finaste väska. Hon fick den som julklapp av en av mina bröder, om jag minns rätt av Sven-Olof och hans fru Marianne. Mamma var glad över gåvan.

De flesta kvinnor tycker om att ha fina accessoarer när de går på fest vilket signalerar smak och klass. Nuförtiden avslöjar en enkel logotyp prislapp och förmåga att välja rätt märke. På mammas tid var en krokodilväska högsta mode för damer. Den var vacker och hållbar, inget slit och släng, ingen säsongsvara. Det var en väska som räckte livet ut.

Min mamma fick ingen päls vilket hon hett önskade sig. En persianpäls som några av de andra damerna – men bara några få – hade. Svart. Krullig. Men persianmössa hade hon och det hade pappa också. Men som sagt en krokodilväska fick hon och dessutom en portmonnä av samma vilda djur.

Det är stor skillnad mellan en tant och en dam. Det ser man på deras sätt att gå och på deras hatt, handväska och skor. En tant har en stor brun handväska som hon håller i handen, hon har mössa eller hatt nertryckt på huvudet. I min barndom hade alla tanter knut i nacken och ordentliga snörskor. Tanten forsar över gatan med blicken långt fram medan damen i sakta mak promenerar med en mindre diskretare väska över armen och hon bär med rak rygg huvudet högt på vilket det sitter en dekorerad hatt. Hattens prydnad kan vara fjädrar, en rosett eller ett par tofsar. Den vanligaste utsmyckningen är ett ripsband avslutad med en strikt rosett, men även en klase bär kunde förr dingla på skulten. Hatten varierade i min barndom med årstiden och för de välsituerade var hatten ny inför vår- och höst-säsongen. På fötterna bar damen kanske snörskor men de hade klack och var alltid välputsade.

På 1940-talet i Örebro låg Lindbergs hatt- och stråfabrik på Skolgatan och där passerade jag varje skoldag. Lokalen låg i källaren med fönster i gatuplanet. Man kunde titta ner på alla hattstockar som stod uppradade. Om fönstret var öppet kändes en markant doft av fuktigt ylle. Mamma hade inte alltid råd att få en ny hatt inför varje säsong. Då kunde hon få sin gamla hatt omstukad till en ny modell och ny dekoration påsydd. Även pappas hattar fräschades upp då och då.

Jag behåller min mors handväska som prydnad i mitt hem vad än mina gäster tänker. Hon blir på så sätt närvarande och jag kan prata med henne och fråga vad hon tycker. Hon gladde sig över väskan och jag gläds med henne. Det finns inte en tanke på att själv använda den. Även om jag i och för sig bor tillsammans med många gamla damer, som inte skulle lyfta ett ögonlock om jag kom med en krokodilväska, skulle det kännas för intimt att använda mammas väska. Den får stå där på soffbordet som dekoration. Det är ett historiskt föremål eftersom väskan är gjord av ett utrotningshotat djur men också för sitt innehåll. Det är en hel historia och den skall jag nu berätta.

Mamma och moster Greta klädda i hattar och med handväskor.
Jag har kappa med tillhörande hatt kantad med fårskinn
och min kusin Margareta har overall.
Foto från Linköping 1938.

Att väskan är av bra kvalité bevisas av ett kort som låg i väskan när den inköptes. Texten är på franska men importören har gjort sig besvär att översätta texten till svenska och skriva den på kortets baksida. Det fick ligga kvar i ett av de små facken i väskan och där finns det ännu.

Chère Cliente,

Vous avez acheté un sac de qualité.
Son cuir en est fragile... Soignez-le !
Neuf, il craint l'eau, protégez-le.
NOUS NE POUVONS VOUS LE GARANTIR !

"Si, malgré vos précautions, il est taché par quelques gouttes de pluie, essuyez-le immédiatement, sans faire sécher!".

V.g.vänd!

Kära Mottagare,

Ni har fått en väska av kvalité
Dess skinn är ömtåligt- vårda den!
Ny tål den inte vatten, skydda den.
VI KAN INTE LÄMNA GARANTI FÖR DEN
"Om, trots Edra försiktighetsåtgärder den fläckas av några droppar regn,torka den genast utan att låta den självtorka"

En av mammas
vårhattar och
persianhatten
fotograferade på
en hattstock

~ FÅR MAN ÖPPNA VÄSKAN? ~

Handväskan öppnas med ett metallås som knäpper till med ett tydligt klick och stängs med samma ljud. Väskan är invändigt fodrad med ljust brunt skinn och innehåller två sidofack. När mina unga gäster öppnar väskan och tittar ner brukar deras ögon bli stora. Förvånade! För där nere ligger diverse ting. De plockar på min uppmaning upp någon enda sak och som regel är det jag som får visa dem. För visst är det tabu att plocka i någon annans handväska? Den är något av det mest personliga man har. Men här gäller det ett historiskt föremål.

Inuti väskan ligger ett glasögonfodral och när man öppnar det ligger glasögonen kvar. Även glasögonfodralet har ett metallås som klickar när det öppnas och stängs. Där ligger sacketter och en sax, medlemskort och ID-handling men det som mest brukar förvåna är ett vykort som visar min pappa.

Det är i och för sig inga märkvärdigheter i den här väskan, en kam och ett par hårspännen finns i många damväskor. Nyckel och portmonnä likaså. Men när jag betraktar varje föremål för sig stiger minnena upp i min hjärna och det är de jag vill förmedla till dig. Ett ID-kort ger associationer och tankarna löper iväg på slingriga stigar.

En lördagskväll tar jag upp väskan, torkar av den med en fuktig trasa så att krokodilskinnet blänker. Jag öppnar handväskan och tömmer ut dess innehåll på en bänk. Nu skall jag fotografera allt, tänker jag, och tar fram min Ipad. Jag ler igenkännande när jag ser de olika föremålen och hittar till och med ett hårstrå! Efter att syna det med förstoringsglas lägger jag tillbaka det i kammen!

Om sanningen skall fram har jag efter hand kompletterat innehållet när jag i gömmorna funnit något som tillhörde mamma, men det gällde ID-kortet och ett par sackettaskar, nu ligger det tre men hon hade bara en ask i väskan. Varje sak har sin lilla enkla historia och när jag plockar med väskans innehåll blir bilden av mamma levande. Jag hoppas att du som minns Signe som din farmor och mormor kan spinna vidare på minnestrådarna. Du som aldrig mött min och mina bröders mamma hoppas jag ändå kan, om du är lyhörd, få en bild av en kvinna som trots små ekonomiska omständigheter kunde sätta guldkant på sin tillvaro genom de små detaljerna.

Charlotte 5 år öppnar sin mormors handväska.
(Arkivbild)

~ ID-KORT ~

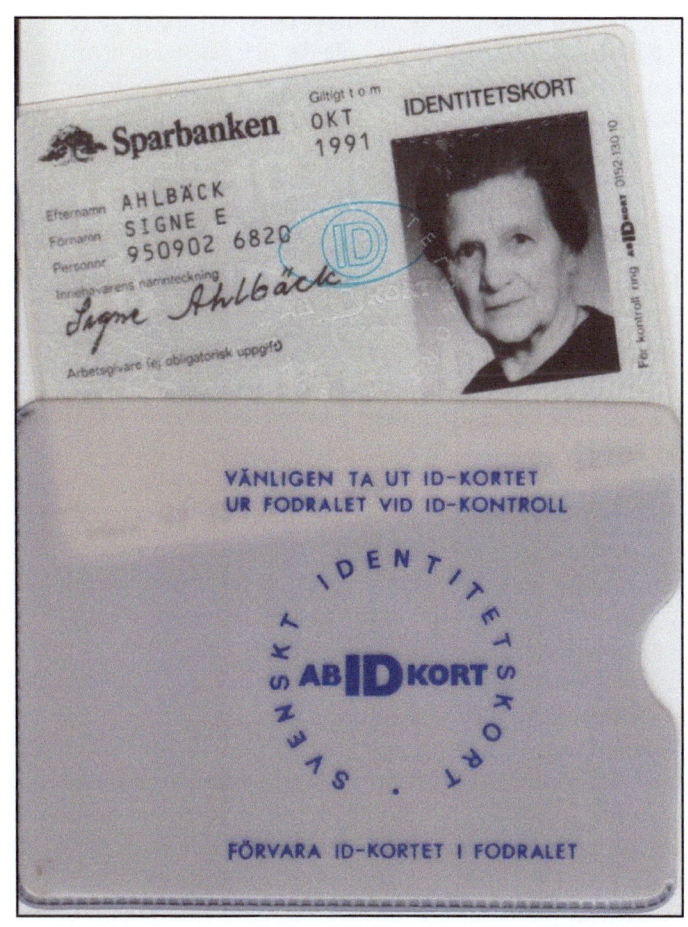

Den kvinnan, som ägde handväskan som står i min lägenhet i Göteborg år 2017, hette Signe Elisabet Ahlbäck. Det hette hon som gift, som flicka hette hon Håkansson i efternamn och hon föddes 1895. Hennes pappa var Anders Håkansson och han var urmakare i Malmö, hennes mamma hette Anna Ahlberg som flicka. Jag skulle kunna berätta vad Anders och Annas föräldrar och syskon hette, men det får bli en annan gång.

Familjen bodde i Malmö och de fick först en liten pojke som de kallade Albin som dog när han bara var sex år gammal. Då hade de fått ytterligare en flicka, Ada, och en pojke, Hugo, och samma år fick de en flicka som de kallade Charlotta och som blev vår älskade moster Lotten. Hon skulle komma att bosätta sig i Kämpinge, en fiskeby nästan så långt söderut man kan komma i Sverige. Där var hon lärarinnan, som det hette i Skåne på den tiden. I slutet av den här boken finns en bild från Kämpinge taget vid förra seklets början.

Signe som när hon var gammal ägde den här handväskan föddes som sagt år 1895, det är etthundratjugotvå år sedan! Det låter ofattbart att inneha någon som tillhört en person född på 1800-talet. Men så är det. Dagarna går fort. De bildar veckor, månader och år. Ju längre man lever desto fortare går åren, men det beror på att man jämför med det antal år men levt. Är men bara fem år är ett år en femtedel av livet. Har man som jag levt över åttio år är ett år en åttiondedel av mitt liv och det är inte mycket, det är nästan bara en procent.

Men tillbaka till syskonen Håkansson som bodde i Malmö på Södra Förstadsgatan. Två år efter att mamma Signe kommit till världen föddes Ture, morbror Ture som blev folkskollärare i Hylltarp utanför Svedala och gifte sig med en elev (sedan hon slutat skolan förstås!). Morbror Albin föddes på 1900-talet och så gjorde också Greta som tillsammans med sin storasyster Ada öppnade fotografiaffär i Linköping. Signe hade alltså sex syskon, tre äldre och tre yngre. Alla var glada och alla tyckte mycket om varandra. De tilltalade sina föräldrar med mor och far, som är och var vanligt i Skåne.

Signe gifte sig och fick namnet Ahlbäck och kom att bo största delen av sitt liv i Örebro. ID-kortet som är avbildat räcker till år 1991 men då levde hon inte. Hon dog den 18 november 1984 och då hade hon fyllt åttionio år.

Personnummer infördes år 1947 och vid den tiden bodde mamma i Örebro. Det kan man avläsa i personnumrets två första siffror. Siffrorna 68 tillhör Örebro län. De fyra sista siffrorna på mammas ID-kort är 6820, för övrigt samma nummer som hennes dotter har (men berätta inte det för någon!). Personnumret börjar med födelseår, -månad och -dag. I de fyra sista siffrorna kan man ofta avläsa vilken del av Sverige man är född i. Sifforna 66 - 68 visade åtminstone fram till 1990 att man var född i Örebro län. Den tredje siffran är här jämn vilket visar att personen ifråga är en kvinna. Vore den udda så gäller numret en man. Den sista siffran är en kontrollsiffra som räknas ut matematiskt.

Det var Örebro Sparbank som utfärdade mammas ID-kort, numera gör polisen det. ID-korten var av storleken tio gånger sju centimeter och betydligt större än våra nuvarande. Det ligger förvarat i ett tillhörande plastfodral.

Diverse medlemskort

~ ETT VYKORT MED PAPPA ALGOT ~

Algot Ahlbäck, Redaktör

Ett idolporträtt att sända med posten som ett vykort. Det är det officiella fotot av vår far Algot Ahlbäck. Utgivet av ÖrebroMissionens förlag. Fotograf var Eric Sjöqvist i Örebro. När jag som tonåring var ute och sjöng med flickkören från Filadelfiakyrkan kunde jag då och då se det här fotot inramat på värdfolkets skänk i deras stora rum. Min pappa. Vår pappa. Signes make. En i religiösa kretsar välkänd och välaktad man, ledare för Örebro Missionsförening tillika redaktör för dess tidning Missionsbaneret.

Det här vykortet ligger i mammas väska! Hennes make! Pappa Algot var pastor i baptistkapellet i Hallsberg på 1920-talet när mamma kom som ny officer med titeln ensajn till Frälsningsarmén som låg på samma gata, Storgatan vilken löper parallellt med järnvägen. Man kan se och följa gatan från tågfönstret.

Pappa var trettiofyra år och mamma var tjugonio år gammal. De utmärkte sig båda i Hallsberg genom sin klädsel, mamma i frälsningsarméuniform och pappa med rock och hatt och en mindre portfölj i sin storlek lagom för en bibel. De var så att säga kolleger i den kristna verksamheten och de blev ytterligare bekanta med varandra när de olika kyrkorna ordnade gemensamma gudstjänster.

Efter att de fattat tycke för varandra – man sade så på den tiden – numera säger man att de blivit kära, var de tvungna att mötas i smyg. Pappa skrev små brevnoter till mamma om att de skulle träffas i ett litet skogs- och kulturområde västerut som kallas Tomta, dit kunde de gå på olika vägar. Ingen fick ju se dem! På slutet av sin levnad rev mamma sönder alla de breven, de var bara avsedda för pappa och henne och hon ville inte att vi skulle se dem.

Ganska snabbt förlovade de sig och vigdes i Baptistkapellet av John Ongman som var grundare och ledare för ÖrebroMissionen. Det var år 1924. Mamma var klädd i ankellång vit klänning, som inte var så vanligt på den tiden, pappa hade bonjour. Hon lämnade Frälsningsarmén och ägnade sitt liv åt sin make och oss fyra barn. Trogen och lojal utan att någonsin beklaga sig eller svikta i sin kärlek till Algot. Hon bar alltid hans bild i sin handväska även när han varit död i mer än trettio år.

Algot Ahlbäck föddes inom Stora Tuna socken den 15 maj 1890. Hans far var sågmästare Johan Ahlbäck vid Dalasågen men familjen flyttade vidare till Mora, Karlstad och Lerbäck i Närke. Hans hustru, alltså vår farmor, hette Johanna Lovisa Hedlund men kallades Hanna. Båda var födda 1865. Jag har varken träffat min farfar eller morfar men däremot levde både min mormor och farmor när jag föddes och jag kommer väl ihåg dem. Både i mammas och pappas barndomsfamilj fanns där sju barn. Pappa var äldst och hade två bröder Gottfrid och Erik som också var pastorer inom ÖrebroMissionen. Han hade också fyra systrar, Erika, Elsa, Klara och Maja. Erika bodde hela sitt liv kvar i barndomshemmet Kählarvet med sin nya familj och därför har vi kunnat besöka det hus där pappa föddes.

Eftersom mamma och pappa hade många syskon som i sin tur var gifta och hade barn har jag och mina bröder många kusiner. På båda sidorna har man släktforskat och i en pärm har jag med mammas hjälp upptecknat såväl förfäder och tidigare släktled som nutida släkt där jag har kontakt med en hel del. Jag tycker det är intressant att veta lite om sina rötter eftersom det finns inslag i min arvsmassa både från pappa och mamma och i sin tur från farfar och farmor, morfar och mormor.

Pappa dog den 14 juli 1949 endast femtionio år gammal, mamma levde ytterligare trettiofem år. Hon fick uppleva när vi hennes barn gifte oss och bildade familj och hon fick en skara mycket älskade barnbarn.

Pappa, farmor och min bror Per Gunnar
i Skyllberg sommaren 1948.
(Arkivbild)

Pastor Algot Ahlbäck
utanför Naesby baptistkirke i Danmark.
(Arkivbild)

~ Glasögonfodral ~

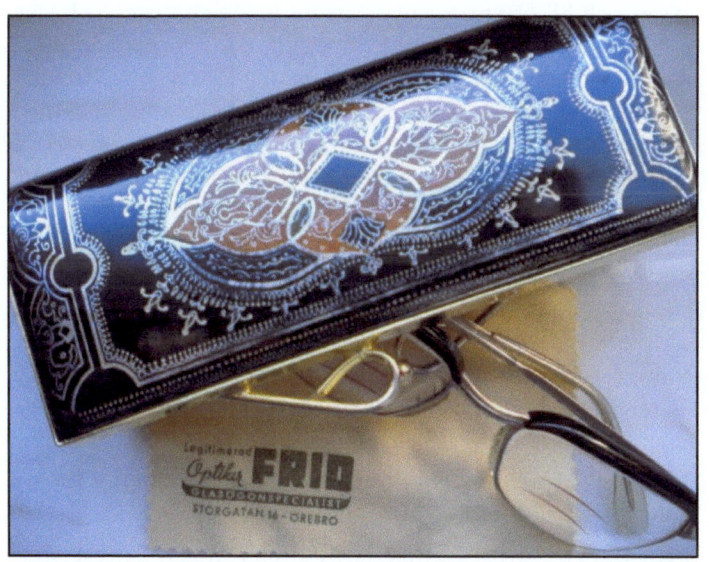

Optiker Frid hade sin lokal på Storgatan 16, det var bara två gator från där vi bodde. Den huvudgata som leder rakt igenom Örebro består egentligen av tre gator: från söder Drottninggatan, Storgatan och Hovstavägen. Den löper parallellt med järnvägen och i min barndom passerade all genomfartstrafik där. Men under Andra världskriget och åren därefter förekom inga strida strömmar av bilar. Nu far man förbi staden i en slinga väster om centrum.

Storgatan var i min barndom en livlig gata fylld av små affärer med allt som vi behövde. Trevliga små butiker där kunden fick personlig service. Där fanns ett par varuhus, Epa, Spåres och 88-öresmagasinet som förde lite av varje dock icke matvaror. Konsum var stort på 1940-talet och hade särskild speceri- och charkuteributik. På Storgatan låg ingen mjölkbutik men väl Kjellgrens brödaffär. De flesta butikerna var små med en innehavare och några få anställda. Speciellt kvarteren mellan Storbron och Järnvägsgatan innehöll femvåningshus i tegel, större våningar i de högre planen och butiker i gatuplanet utgjorde en samlad och behaglig stadsmiljö. På kvällarna vandrade ungdomar fram och tillbaka på trottoarerna längs Storgatan och julskyltningen under adventssöndagarna var påkostade och samlade många åskådare. Utanför KFUM-huset stod en jättehalmbock som man fick passera under. Alla affärer var stängda på lördag eftermiddag, söndag samt alla helgdagar. Stadslivet var helt annorlunda än det är nu.

Det fanns flera optiker i Örebro men optiker Frid låg på Storgatan strax söder om korsningen med Fredsgatan.

Bredvid den smala affären låg ett litet trångt bageri som tillhandahöll de bästa medaljongkakorna jag ätit. Runda torra bottnar i tre lager med vaniljkräm gjord på äkta vanilj och äppelmos av genuina svenska äpplen, glaserade med florsocker och smyckade med blomma och blad av gelé. De hade åtta centimeters diameter. Ibland när mamma och jag var ute och handlade, jag var i gymnasiståldern, köpte vi vars en sådan kaka som bars hem i en liten kartong. Kanske hade vi varit hos fröken Anna Thollander och inhandlat tårtpapper eller smala ljus till adventsskålen, den gröna som var fylld med vintergröna blad, hos Persellis garnbod eller hos Linne-Maja som sålde lakansväv.

Som jag minns var optiker Frid en gammal man och om han tillhörde någon frikyrka minns jag inte. Frid är ett gammalt soldatnamn.

För övrigt hälsade pappa frid när han kom på besök till ett hem. Även på gatan använde han hälsningen frid. Det var inget hejande i min barndoms Örebro. Wikipedia skriver att Götiska förbundet började använda hälsningen hej redan i början av 1800-talet eftersom de föreställde sig att vikingarna använt detta hälsningsord. På 1870 tog studenter upp hälsningen men den blev inte allmän förrän på 1930-talet speciellt efter Andra världskriget.

Tant Hanna Ongman förmanade mig att inte säga hej till min kamrat Marianne som var hennes dotterdotter. Tant Ongman var gammal, hon var åttio år! Sic! Mamma och de andra tanterna neg för henne. (Varför niger inga yngre tanter för mig?) Hon var ÖrebroMissionens grand old lady, tredje hustru till grundaren John Ongman. Hon talade om att pappa skrivit i Missionsbaneret att hälsningen hej inte var lämplig. Hälsningen frid har mina bröder och jag bara använt på skoj. Men visst är det en fin hälsning!

Här bär Signe sina glasögon när hon hjälper Tor med Alfapet.
(Arkivbild)

~ NYCKEL TILL TID SOM FLYTT ~

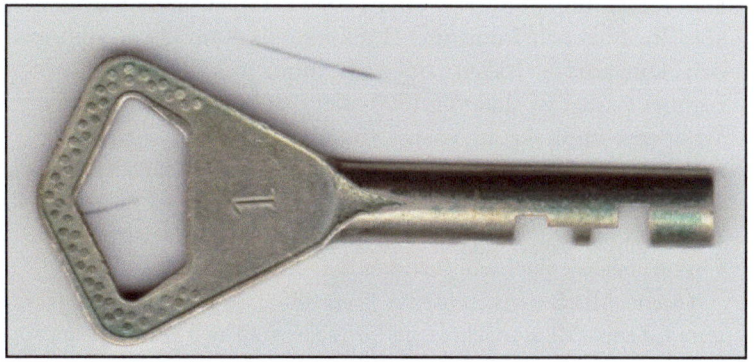

Vår gamla lägenhetsnyckel ligger kvar i mammas handväska. Så väl jag känner igen den. Den gick både till ytterdörren och till vår lägenhet på Skolgatan 11 A där mamma bodde mellan åren 1938 och 1984, fyrtiosex år. Inte underligt att nyckeln är sliten! När mamma och pappa gifte sig i Hallsberg pendlade pappa allt mer in till Örebro för att arbeta centralt inom ÖrebroMissionen. Det var mer praktiskt att de bodde i Örebro och när äldste sonen Ingwar var född och den andre sonen Sven-Olof var på väg flyttade de in till Nygatan nära Eyravallen. Där föddes även en tredje son som fick namnet Per Erik Gunnar.

Både Ingwar och Sven-Olof bär namnet Emanuel som tredje namn. Pappa hette ju Algot Emanuel. Inom Sven-Olofs familjegren bär många pojkar det namnet ett hebreiskt namn som förekommer i Sverige efter 1600-talet. Det stavas lite olika som Imanuel och Immanuel. Tänk bara på Kant, Swedenborg och kungarna i Italien. Speciellt inom frikyrkokretsar var namnet vanligt på slutet av 1800-talet och början av 1900-talet. Wikipedia upplyser att nästan trettiotusen pojkar fortfarande får det namnet varje år varav mer än tvåtusen får det som tilltalsnamn. Det var inte ett helt ovanligt namn på frikyrkor, farbror Gottfrid Ahlbäck var pastor i Immanuelskyrkan i Örebro när jag var barn. Namnet betyder Gud med oss.

ÖrebroMissionens centrum kom allt mer att koncentreras nära Örebro Missionsskola på Järnvägsgatan och på 1930-talet flyttade familjen Ahlbäck till Slottsgatan som är en tvärgata och till ett hus som ligger bakom Olaus Petrikyrkan där jag föddes.

ÖM som verksamheten kallades i dagligt tal byggde några år senare ett nytt hus i hörnet av Järnvägsgatan och Skolgatan. Det var dit vi flyttade hösten 1938 och det är till det huset den här nyckeln som ligger i mammas handväska går. Men inte längre! Huset finns kvar men i mitten av 1980-talet såldes både det huset och Missionsskolan, den senare fick sina lokaler vid högskolan och ÖM fick nya kontorslokaler på annat håll. Numera finns inte ÖrebroMissionen kvar. Rörelsen har gått upp i Evangeliska Frikyrkan.

Mamma var ledsen när det hela såldes. Hon hade varit med när det byggdes upp. Det hade varit pappas och hennes liv och utkomst. Det var inte bara ett arbete som pappa (och mamma) hade. De ansåg att det var deras kall. De var ämnade för detta, det var det de levde för, det var där deras hjärta och lojalitet låg. Det var meningen med deras liv.

Huset dit vi flyttade var ett fyravåningshus. Ett hörnhus med tre ingångar från gatan och två från gården. Trapphusen hade trappor av marmor och väggarna målade paneler som skulle likna marmor. Vi bodde två trappor upp i en luftig trerumslägenhet på över etthundra kvadratmeter. Köket och sängkammaren hade fönster in mot gården, salen och herrummet fönster mot gatan. Vi var en stor familj om sex personer.

Eftersom vi bodde så centralt hade vi ofta gäster och när de stora mötena hölls i Filadelfiakyrkan hade vi ofta både natt- och matgäster förutom kaffekalas med sju sorters kakor. Andra världskriget pågick med ransonering och i källaren stod saft och syltburkar på rad. Ingen vet nuförtiden vad vattenglas är, man använde förr sådant för att konservera ägg. Hönorna värpte inte hela året. Vattenglas är den kemiska föreningen natriumsilikat som stelnar och försluter äggets porer (jag har varit kemilärare!). I ett stor Höganäskrus låg äggen i den geléartade massan och andra krus var fyllda av lingonsylt.

Vi var fyra barn som gick i skolan och vi kom hem på frukost för att äta gröt och smörgåsar. Efter skolans slut vid fyratiden åt vi middag. Pappa som hade sitt kontor i samma hus kom om möjligt upp och vi åt tillsammans hela familjen. Därefter var det tid för läxläsning, mina bröder spelade piano och fiol i stora rummet, som alltid var städat och i ordning för oväntade gäster.

Runt omkring oss bodde kamrater i olika åldrar, vi lekte på gården, åkte skridskor på Alnängarna och skidor på Stora Holmen. Allt övervakat av mammor som alltid var hemma och ÖM:s personal som hade sina lokaler i bottenvåningen med stora fönster ut mot gården.

Var sak har sin tid. Så småningom lämnade vi syskon hemmet för vidare studier i Göteborg, Stockholm och Uppsala. Mamma blev ensam och började ett nytt arbetsliv genom att ta emot inackorderingar. Fem hörselskadade flickor från Birgittaskolan samt tre särskolebarn bodde under olika perioder hos henne. Hon gav dem mat, följde dem till skolan, läste läxor och lärde dem olika spel på eftermiddagarna.

När ÖM sålt huset 1984 ville den nya ägaren renovera hela huset. Lägenheterna tömdes en efter en och till slut tvingades också mamma att flytta. Hon skulle fylla åttionio år och fick en lägenhet i grannfastigheten. Hon dog efter mindre än tre månader.

Nyckeln i väskan har inte längre någon funktion.

~ Portmonnä med obrukbara pengar ~

De flesta handväskor innehåller nyckel, näsduk, kam och portmonnä. Mamma Signes handväska var en finväska att använda när hon gick på kalas men även då behövde hon lite pengar. Ibland var jag hos henne när hon skulle göra sig i ordning. På min fråga bekräftade hon att hon hade pengar, en sedel, i regel en femma. Jag nöjde mig inte med det utan ville att hon skulle ha lite småmynt för garderoben eller för att ringa i en mynttelefon. (Detta var på 1900-talet när sådana fanns! Vi glömmer så lätt att det inte fanns mobiltelefoner!) Jag ville också att hon skulle ha pengar så att det räckte till en taxi hem.

Mamma gillade ocirkulerade sedlar, när hon fick sådana i banken eller i en affär lade hon dem åt sidan. Det var alltså sådana rena fina sedlar hon lade ner i handväskan. Pengarna finns kvar. En gammal femkronorssedel från 1977 och tre tiokronorssedlar från 1980-talet. Mynten däremot är använda och slitna, två enkronor, en femtio-, en tjugofem- och en tioöring.

Under Andra världskriget vistades vi på somrarna hos moster Lotten i Kämpinge på Sveriges sydkust. På gården fanns flera hus och ett av dem var en sommar uthyrt till militärer. De hade en lotta som skötte hushållet, hon var rund, glad och go och när hon stod ute på gården och strök tog hon en dag upp en femkronorssedel och strök den också. Det gjorde starkt intryck på mig.

Sedlar går mycket bra att stryka eftersom de är gjorda av gamla kläder, alltså lump. Men när alltmer konstfiber började användes i kläderna gick man över från klädlump till att använda råbomull till sedlarna.

Det finns en spännande historia från 1700-talet när man planerade att tillverka sedelmaterial i Sverige. Sådant tillverkades i Holland och importerades vilket var kostsamt. Nu ville man försöka tillverka sedelpapperet i landet. Då utförde man helt enkelt ett industrispionage. Kurirer från Sverige lyckades övertala ett par arbetare från Holland att komma till Sverige. En av dem tillfångatogs och dog i fängelset innan han skulle hängas. Den andre tog sig över gränsen genom att klä ut sig och sin fru till fattigt bondfolk. På så sätt började Tumba bruk tillverka sitt eget sedelpapper, som sagt kan strykas släta med strykjärn.

36

~ SACKETTER ~

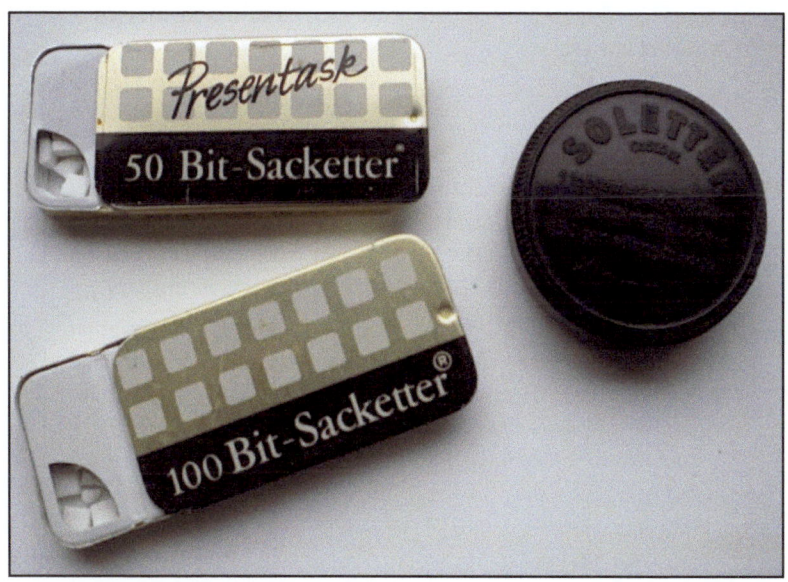

En ask sacketter ligger i mamma Signes väska. När hon levde förekom fortfarande stora kaffekalas. Det var vanligare att man bjöd på sådana än att man bjöd på mat. Kanske var det en gradskillnad på typ av kalas, men bland annat vid våra real- och studentexamina (sammanlagt åtta stycken under åren 1944 - 1954) bjöds på sju sorters kakor, vetebröd, mjuka kakor och tårtor.

Till kaffet användes socker och grädde. Man hade till och med en sockertång för att klippa en sockerbit i två delar. Efter Andra världskriget började man arbeta med folkhälsa och då kom ersättningsmedel för socker. Jag uppfattade att man använde sockerersättningen för att motverka fetma mer än att förhindra karies.

Den runda svarta bakelitasken på bilden är den äldsta. Utgiven av Astra, som under 1900-talet var ett helt svenskt läkemedelsföretag. De kallade sötningsmedlet för Soletter. En liten rund tablett motsvarade två sockerbitar, 450 gånger sötare än socker. På sidan fanns ett runt hål för tabletten, man öppnade och dolde hålet genom att skruva på överdelen. Samma storlek och text förkom på askar gjorda av ljust trä.

Sacketterna kom senare och såldes i rektangulära aluminiumaskar där lådan sköts in och ut ur höljet. De framställdes av AB Sunco i Stockholm. Askarna innehåller fyrkantiga bitar. En bit motsvarar en sockerbit. På presentaskens sidor sägs:

Helt utan bismak
Helt utan kalorier
Helt utan socker

På de här askarna finns innehållsdeklaration. Sacketterna består av 27 mg natriumcyklamat och 3 mg sackarin-natrium. På asken som innehåller etthundra bitar anges:

Utmärkt även till bakning, kokning, matlagning etc.

Att natriumcyklamat är sött upptäcktes av en slump 1937. Även sackarinnatrium är ett salt men dess söta egenskap upptäcktes redan i slutet av 1800-talet och kom, eftersom det är ett på kemisk väg framställt ämne att ersätta socker i matlagning och bakning under krigen.

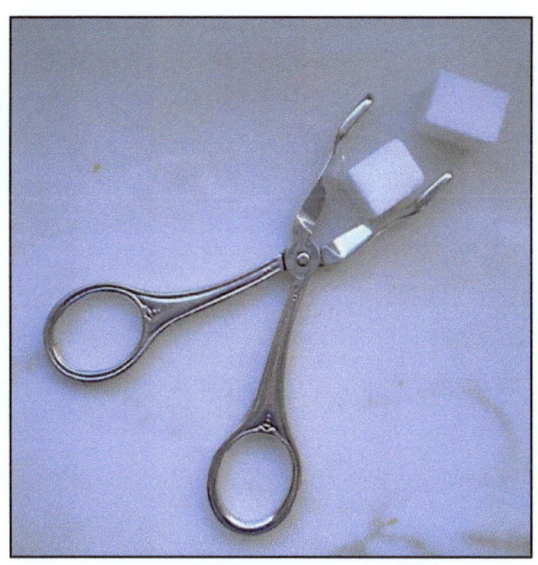

Mammas sockertång med skärytor
för att kunna dela en sockerbit.

Min sockertång.

~ NÄSDUKEN

EN SYMBOL FÖR KVINNLIGHET? ~

En riktig damnäsduk! Aldrig använd! I mamma Signes handväska. Lite skrynklig efter att ha legat i väskan mer än trettio år. Med handvirkad uddspets i svagt violett. Det kallar jag en skatt! Var kan man nuförtiden få tag på en sådan? Vilka är de lyckliga som kan lägga ner en sådan i sin handväska. Numera är det en förpackning pappersnäsdukar i plastfodral som gäller. Inte vidare romantiskt att torka sina tårar med!

Jag återkommer ofta till just damnäsdukarna i mina skriverier. Kanske har dessa näsdukar med virkad kant för mig blivit något av en symbol för kvinnlighet. Ett enkelt ting som inte kostar mycket, men som berättar om glädje över det vackra, det utvalda, det speciella, det som ger skimmer åt vardagen och fjärmar från masskonsumtion.

Så här skrev jag ner mina funderingar vid strykbrädan på 1990-talet när jag fotfarande bodde på Bondgårdsgatan i Kumla:

Tvättkorgen har råge. Tvätten är ren men ostruken. En hög med näsdukar kan vara en lagom arbetsuppgift denna lediga majdag mellan två helger. Jag fäller upp strykbräden och placerar den framför den öppna altandörren. Luften är sommarvarm. Framför dörren växer påskliljor och tulpaner vid sidan av drivor med mörkblå violer. En citronfjäril singlar genom luften.

Den ena näsduken efter den andra viks och läggs i en hög. Varje sort för sig. Att stryka är bra för själen och fritt för tanken. Minnen från min barndom stiger upp tillsammans med doften av de rena näsdukarna.

På fyrtiotalet låg vittvätterierna tätt i Örebro. Damerna i tvätteriet på Klostergatan var alltid glada och hade rosig hy. Den fick de av ångan som stod som en sky ut genom de öppna fönstren på butiken som låg under gatuplan. Dit gick mamma och jag för att lämna in pappas vita skjortor. Ibland tillät kassan bara att få de lösa kragarna hårdstärkta. Vi bar hem de rena skjortorna och kragarna inslagna i brunt omslagspapper.

Men näsdukarna. Dem tvättade mamma hemma i tvättstugan. De var lämpliga objekt att träna strykning för en flicka. Reglerna var bestämda. Först hade mamma manglat högarna med vita näsdukar släta så att de skulle vara lätta att stryka. Varje näsduk skulle strykas släta på avigsidan. Kanterna skulle noga pressas ut och näsduken dras rätt. Den skulle vikas en gång och med lätt hand skulle jag pressa ner vikningen. Så veks näsduken en gång till på längden och jag kunde göra en lätt överdragning med strykjärnet. Nu var tid att vika på tvären, först en gång och sedan den slutliga vikningen. Till slut skulle näsduken pressas till ett slätt litet vitt paket.

Mina händer stryker den här vårdagen den ena näsduken efter den andra. Rörelserna är lugna och systematiska allt enligt det schema som präntats in femtio år tidigare. Ångstrykjärnet puffar ut en lämplig dos ånga lagom att göra näsduken lättstruken. Halvdussinhögarna växer bredvid mig denna vackra majdag.

Då i min barndom var strykjärnen tunga. Det var viktigt att först dänka tvätten så att tyget blev precis så fuktigt att strykjärnet kunde glida lätt och resultatet bli slätt.

Plötsligt dyker en damnäsduk upp ur högen med tvätt. En damnäsduk skiljer sig från en herrnäsduk som är stor som ett lakan och av tjockare kvalitet. En damnäsduk är liten som en plätt och av mjuk batist. Den här näsduken har en svagt rosa virkad kant. Mycket feminin! I hörnet är broderat ett M.

Vilken lyx att ur handväskan ta fram en väl struken liten vacker spetskantad näsduk! Och vilken glädje att känna högarna med rena vita näsdukar och minnas sin barndoms Örebro!

När den här lilla lådan av tyg, där mamma förvarade sina näsdukar, tillverkats vet jag inte. Om mamma fick den när hon var ung borde den vara från 1915 – 1920. Men det är en gissning. Jag frågade aldrig varifrån asken kom. Jag vet bara att den alltid funnits och att hon förvarade sina finaste näsdukar där, de som var pressade efter alla konstens regler. Asken består av hopfästa kartongbitar klädda med tyg i svagt beige mönstrat siden. Ett fint arbete med gamla anor.

Många kvinnor tillverkade sina näsdukar själva och mamma lärde mig att rulla kanterna på en fyrkantig bit mycket tunt linne, så kallade batist. Ett tyg som också passade till hålsöm. Med tunn tråd i lämplig färg virkade man en uddspets runt kanterna. Mammas näsdukar var märkta med ett S i hörnet.

43

Att ge en näsduk med spetskant var en passande gåva och näsdukar som inköpts söderut har ofta en fin spets i kanten. En av näsdukarna i asken har en svart virkad kant och den näsduken användes vid begravningar.

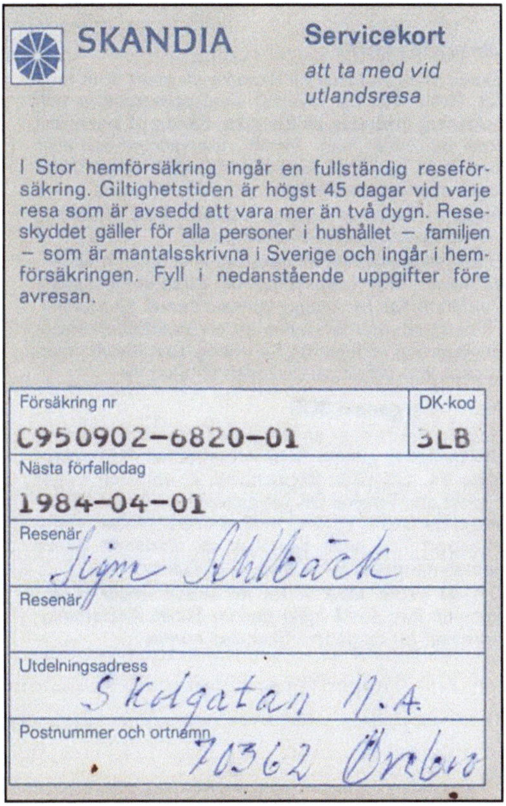

~Handstil och handskrift~

SKANDIA

Servicekort
att ta med vid
utlandsresa

I Stor hemförsäkring ingår en fullständig reseför-
säkring. Giltighetstiden är högst 45 dagar vid varje
resa som är avsedd att vara mer än två dygn. Rese-
skyddet gäller för alla personer i hushållet — familjen
— som är mantalsskrivna i Sverige och ingår i hem-
försäkringen. Fyll i nedanstående uppgifter före
avresan.

Försäkring nr	DK-kod
C950902-6820-01	5LB

Nästa förfallodag
1984-04-01

Resenär
Sijm Ahlbäck

Resenär

Utdelningsadress
Skolgatan 11 A

Postnummer och ortnamn
70362 Örebro

På ett försäkringskort från Skandia finner jag mammas namnteckning. När hon skriver sina uppgifter är hon bra många år över åttio. Hon hade alltid en vårdad handstil och skrev allt för hand, brev och anteckningar, noteringar och köplistor. På 1980-talet utbredde sig en ovana bland barn och ungdom att skriva med versaler. Det smittade av sig och även jag skriver ofta meddelande med versaler. Numera skriver man allt mer sällan för hand.

När mamma gick i skolan i början av 1900-talet fick hon lära sig att skriva med bläck och stålpenna. Hon skrev med gammalstavning som till exempel i namnet Kählarfvet. Gammalstavning hade faktiskt bara använts under etthundra år (1801-1906), vilket förvånade mig när jag upptäckte det. Det var en medlem i Svenska Akademien Carl Gustaf af Leopold som år 1801 kom ut med Afhandling om Svenska stafsättet. Det innebar att man, när skolplikten infördes i mitten av 1800-talet, använde sig av samma stavning i hela landet. Dessförinnan hade man stavat som orden lät och efter eget gottfinnande.

Ecklesiastikministern Fridtjuv Berg var ansvarig för skola och kyrka i början av 1900-talet. Genom hans försorg försvann fv och ersattes helt enkelt av f. V-et skrevs enkelt istället för som tidigare w eller med fv. Även dt togs bort och man skrev ett långt t-ljud med enbart t. En författare som omedelbart anammade den nya stavningen var Selma Lagerlöf med boken Nils Holgerssons underbara resa genom Sverige, som kom ut år 1906. Mamma Signe var alltså elva år när gammalstavningen försvann och hon fick lära sig den nya förenklade stavningen.

I mammas handväska ligger ytterligare en handskriven notering som jag själv lagt dit. Jag ville behålla den lilla papperslappen och väskan är en bra skattkista.

Det var ett par småsaker som hon ville att jag som enda dotter skulle ta hand om efter hennes död. Noteringen gällde en gammal sjal i svart siden som var broderad av en bekant till mamma, Karin Nilsson som var maka till Carl Nilsson som arbetade i ÖrebroMissionen och var kollega med pappa. Karin dog i slutet av 1940-talet och Carl Nilsson gifte om sig med

syster Ruth Gustafsson, som var församlingssyster i Filadelfia
och även min söndagsskollärare.

Här hade mamma på en minimal papperslapp uttryckt sin önskan att
jag som enda dotter skulle ta hand om den svarta sjalen, vilket jag
gjort.
Den låg på husets flygel på min åttioårsdag.
Jag vårdar mina minnen och mina skatter.

Den svarta sidensjalen med broderade blommor som Karin Nilsson
broderat.

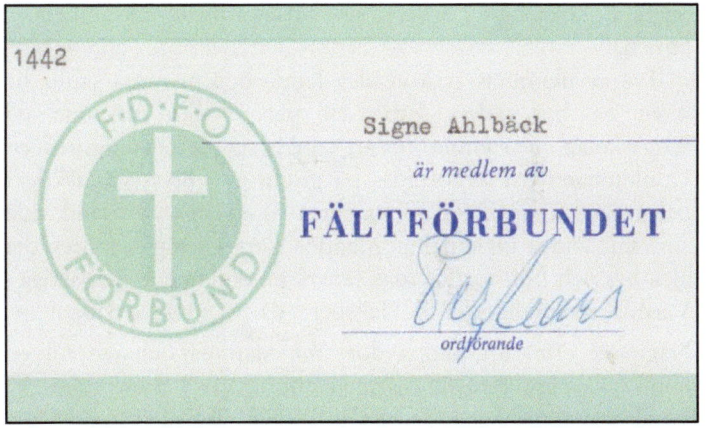

Men nu förbliva tro, hopp, kärlek, dessa tre, men störst ibland dem är kärleken.

Text på medlemskortets baksida.

I sin ungdom var mamma en entusiastisk soldat inom Frälsningsarmén. Med sitt livliga och glada sätt passade de taktfasta sångerna med gitarr och hornmusik henne väl.

Hennes mamma, alltså mormor, gillade inte att Signe hellre gick till kårmötena, stod ute och sjöng på gator och torg i Malmö än satt med näsan över böckerna. Mamma fick ultimatum att antingen fortsätta sin skolgång på realskolan eller vara aktiv i Frälsningsarmén. Till mormor Annas sorg valda Signe att söka sig ett arbete och fortsätta med verksamheten i armén.

Två av mammas syskon blev lärare och mamma skulle ha blivit en bra sådan. Efter ett par år åkte mamma till Krigsskolan i Stockholm för att utbilda sig till frälsningsofficer. Utbildningen där avkortades på grund av Första världskriget och mamma for till sin första tjänst på en ort i Norrland, hon som inte kände till annat än Malmös klimat och gator. Men det gick bra och hon förflyttades senare till Sunne och Karlskoga i Värmland och därefter till Hallsberg, där hon mötte pappa!

Några år efter att pappa dött for mamma och jag till en konferens som Frälsningsarmén anordnade i Stockholm. Vi bodde i min bror Sven-Olofs lilla lägenhet på Norr Mälarstrand. Mamma fick också kontakt med en förening som kallades FDFO som var förkortning på Före detta frälsningsofficerare. De samlades någon gång per termin och några gånger var de inbjudna till mamma som hade en stor lägenhet centralt i Örebro. Jag fick äran att servera kaffe. Det var glatt och trevligt, de berättade minnen för varandra och sjöng frälsningssånger med takt och fart.

Medlemskortet som jag fann i hennes väska har även text på baksidan.

~BAPTISTFÖRSAMLINGEN FILADELFIA ~

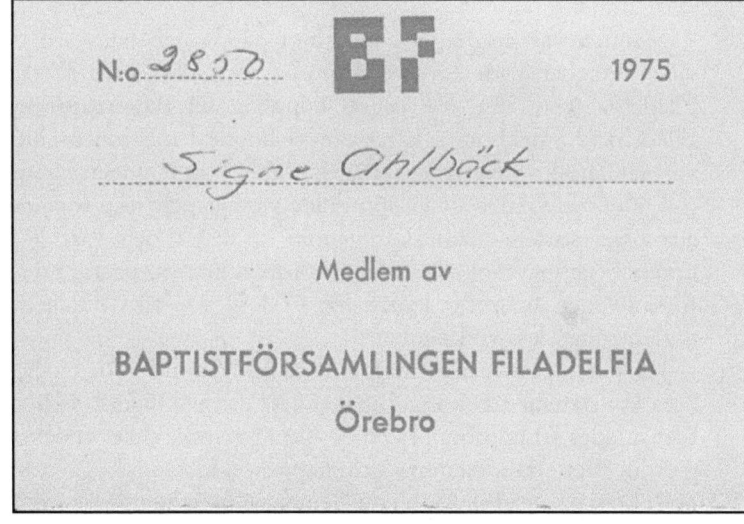

N:o 2800   1975

Signe Ahlbäck

Medlem av

BAPTISTFÖRSAMLINGEN FILADELFIA

Örebro

Baptistförsamling Filadelfia i Örebro grundades av John Ongman år 1897. Mina föräldrar tillhörde först baptistförsamlingen Betel på söder men flyttade över sitt medlemskap till Filadelfia under 1930-talet och tillhörde den församlingen till sin död.

Kyrkan låg på Järnvägsgatan och vi bodde under min barndom tvärs över gatan i kvarteret bredvid. Vi var alltså hemmastadda i kyrkans lokaler där vi gick i söndagsskola, sjöng i körer och deltog i verksamhet av alla slag. De flesta vi umgicks med tillhörde församlingen. Där hade vi våra kamrater, i kyrkan fanns sång, musik och bra ungdomsverksamhet.

Mamma var hela sitt liv lojal mot pappa och hans arbete vilket innebar både ÖrebroMissionen och dess huvudkyrka Filadelfia (som inte har någon koppling till Pingströrelsens Filadelfia i Stockholm). Eftersom vi bodde i missionens hus var vår familj synlig och iakttagen. Alla i omgivningen kände oss. Det var viktigt att vi uppträdde vänligt och respekterade alla olika sorters människor genom att hälsa och vara lika uppmärksamma mot alla. Även om pappa inte var pastor i den församlingen utan var ledare för ÖM så var vårt familjeliv underordnat dess verksamhet.

Jag har inga negativa minnen och känslor inför detta. Jag bara konstaterar att så var förhållandet. Vi var välkända och vi förväntades att uppföra oss till det som passade, vilket vi också gjorde. Men från mamma och pappas sida fanns inga som helst krav på att vi skulle bli medlemmar i församlingen.

Genom de skolor vi gick på framför allt på gymnasiet vidgades vår kamratgrupp och så småningom lämnade vi församlingen. Jag och Anders Björndahl vigdes dock i den gamla Filadelfiakyrkan som låg på Järnvägsgatan. När mamma begravdes och när min dotter Lotta gifte sig med Stig-Erling Alverlin hade församlingen byggt en ny kyrka i samma kvarter men på Slottsgatan.

På 1940-talet när tant Ongman levde anordnade tanterna symöten och när de skulle samlas hemma hos oss en gång per år fejade, städade och bakade mamma. Då var det bäst att hålla sig ur vägen för då kändes vibrationerna hur mamma var rädd att det hon åstadkom inte skulle duga. Jag fick känslan av att hon var lite rädd för tanternas icke-uttalade kritik. På dessa symöten förekom inga skratt, någon satt och läste ur en uppbyggelsebok, ofta mamma eftersom hon hade en stadig och bra röst. Men mamma var långt ifrån vår glade sprudlande mamma sådan hon var tillsammans med sina systrar när vi var i Skåne.

Filadelfiakyrkan i Örebro är en baptistkyrka och centrum för ÖrebroMissionen. Numera ingår den i Evangeliska Frikyrkan. På 1940-talet fanns över ettusen medlemmar, det fanns dessutom ytterligare två frikyrkor inom ÖM: nämligen Immanuel på väster och Sion på Trädgårdsgatan. Verksamheten bestod av förmiddagsgudstjänst på söndagen då församlingspastorn predikade och kören sjöng. I kyrkan fanns piporgel och de unisona sångerna var av psalmtyp. På söndagskvällen hölls ett möte där strängmusiken sjöng och predikan var kort eller ersatt av vittnesbörd. Då var stämningen lättsammare men samtidigt mer känslosvallande.

Under hösten hölls en Bibelskola under sex veckor som samlade cirka etthundra ungdomar både kvinnor och män. De utbildades till evangelister och en del av dem gick vidare och blev pastorer. Det var alltså en typ av grundutbildning. Deltagarna kom från hela Sverige. Pappa undervisade i exegetik och homiletik. Mamma tog emot ett tiotal av eleverna som matgäster. Ofta fick ett par kvinnliga elever bo i vårt stora rum. Bibelkursen avslutades med stora offentliga möten under en oktoberhelg med många hundra deltagare från hela landet som kom tillresande.

Under en helg tidigare under hösten hölls en speciell uppbyggelsekonferens också den med hundratals tillresande deltagare. Någon speciellt intressant pastor hade inbjudits som huvudtalare.

Under de här nämnda stora mötena var pappa en av dem som satt i raden av pastorer. Han hade en ren vit näsduk och välborstade skor även i hålfoten vilket syntes när pastorerna böjde knä.

Men mamma – hon som i sin ungdom varit den ledande i Frälsningsarmén på olika orter – hon fick vara hemma, koka kaffe och göra mat till alla bekanta som tittade upp mellan mötena. Vi bodde ju så nära! Det var så behändigt att besöka oss!

~ ÄR DETTA SKRÄP? ~

I en handväska samlas lite av varje. En tablett och ett par hårnålar, ett gem och ett mannakorn. Ett par tabletter med uppgift om innehåll och ett par sugtabletter. Ytterligare ett foto av pappa när han var yngre, det har förmodligen suttit på ett ID-kort.

Det lilla kortet med ett bibelord har från början ingått i en ask med liknande. I regel var asken utformad som en liten bibel i silverliknande metall. Man tog upp ett kort ur asken för att meditera över utsagan och känna sig välsignad. Det sättet att läsa Bibeln är mig främmande men jag fick en sådan här silverask med mannakorn när jag var barn som julgåva på en av ÖrebroMissionens julfester för sin personal.

Jag funderar över de ord ur Matteus evangelium som mamma hade i sin handväska.

Frukten alltså icke; I ären mer värda än många sparvar.

I nuvarande översättning lyder samma vers:

Var alltså inte rädda: ni är mer värda än aldrig så många sparvar.

Orden är Jesus från det tillfälle när han sänder ut sina tolv lärjungar "som får bland vargar". Han uppmanar dem att icke frukta (så vackert uttryck ordet frukta är!). Han förutsäger att apostlarna kommer att möta människor som bekänner och sådana som förnekar honom. Jesus talar i texten också om konsekvensen av att ta emot lärjungarna, de som tar emot Jesus tar de facto emot Gud.

Ett ord av tröst, ett ord för en gammal ensam människa att tro och förlita sig till. Till och med hårstråna är räknade och ingen sparv faller till marken utan att Gud vet om det. Jag tror att mamma fann tröst i det här bibelordet. Hon tyckte inte om att vara ensam. Hon var sällskaplig och vi hennes barn och barnbarn var mitt uppe i arbetslivet och bodde långt borta.

Vet du – jag tycker du skall lära dig det bibelordet utantill – det kan vara bra att tänka på när du stöter på motgångar i livet! Och så är det så vackra ord!

Frukten alltså icke; I ären mer värda än många sparvar.

Och du ... kolla semikolonet! Jag tycker det numera finns för få semikolon i världen.

*Frukten alltså icke;
I ären mer värda än
många sparvar.*

Matt. 10:31.

Skapa i mig, Gud, ett rent hjärta. Ps. 51: 12.

58

~ DNA ~

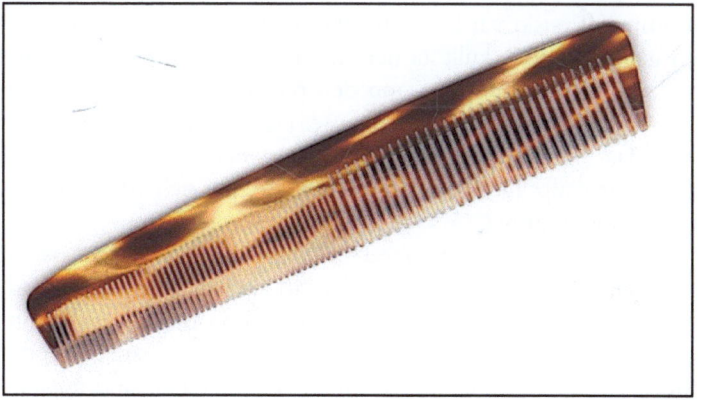

När jag var barn hade mamma uppsatt hår. På natten flätade hon det långa håret. Det var cendréfärgat. Som alla tanter hade hon en knut i nacken, hon virade håret runt som en kringla och fäste den med hårnålar. Med åren blev håret tunnare och när mamma blev gammal klippte hon och permanentade det för att det skulle bli mer lättskött.

Ur ett så tunt hårstrå skulle man med nutidens teknik kunna få fram mammas DNA. Men till vilken glädje? Vad är viktigast hos en människa? Vad är väsentligt att minnas av mamma?

Min mamma – nu skriver jag i första person eftersom relationen mellan henne och mig inte kan vara densamma som den mellan henne och till exempel en av mina bröder. Jag minns min mamma som en rakryggad psykiskt stark kvinna. Hon var frisk men hade under årens lopp också kroppsliga krämpor. Fysiskt var hon inte stark och jag minns att hon grät en gång när hon skulle ta ner en stor matta på gården för att piska den. Hon fick inte upp den på mattstången. Hon hade bett mig hjälpa till och jag ville inte. Jag tyckte det var onödigt. Men jag ångrade mig och sprang ner men då ville hon inte längre ha hjälp. Det fanns ett drag av stolthet och att inte krusa någon som sagt nej.

Speciellt tillsammans med sina systrar, släkt och oss i familjen var hon glad och hade lätt att skratta. Hon var en god berätterska och med livlighet berättade hon om de resor hon och hennes systrar gjorde på gamla dagar när de reste i Europa med bil utan att kunna några språk. När de i Tyskland frågade om vägen och fick till svar: "Gerade aus!" svängde de till höger men fram kom de. Hon hade fått ett gallstensanfall när de var i Bryssel. Hennes syster Greta hade hittat en affär som sålde gardiner med brysselspetsar och mamma måste gå med till affären trots de intensiva smärtorna.

Min mor hade förmågan att hålla ordning på kläder och hem. Hon var renlig och ordningsam. En uppsättning oanvända underkläder skulle ligga i byrån om hon skulle behöva gå till doktorn. Trots små ekonomiska förut-sättningar omgav hon sig med vackra ting, få men speciellt utvalda. Dukar hårdpressades och i linneskåpet låg handdukarna i travar och örngottsbanden var krusade.

Hon lagade god näringsrik mat och bakade mat- och vetebröd, kakor och tårtor till sin stora familj och alla gäster. När vi syskon kom hem med våra familjer på senare år dukade mamma vid det stora matbordet och då var hon en lycklig farmor/mormor.

Mina kamrater tyckte att mamma var sträng men jag upplevde aldrig henne som sådan. Hon var en auktoritet men inte auktoritär. Hon var van att bli åtlydd utan att höja rösten. Hon argumenterade aldrig, ett ja var ett ja; ett nej var ett nej!

Det gick lätt att avläsa henne om hon uppskattade något eller inte. Då teg hon. Hon kritiserade aldrig utan lindade in sin åsikt som till exempel. "Det var gott men salt!"

Hennes största egenskap var hennes värdighet under livets skiftande förhållanden.

Om mamma levde och vore här i Göteborg idag skulle vi tillsammans med min dotter Lotta gå till Ahlströms konditori. Vi skulle sätta oss vid hörnbordet med utsikt över gården. Hon skulle beställa kaffe och en mazarin. Och vi skulle ha ett omväxlande samtal om vad som försiggår i världen i stort, i Sverige, i kyrkan och i våra liv. Om Mimmi också vore med skulle mamma med intresse lära känna henne och omfatta henne med sin stora kärlek. Och hon skulle inte alls gilla att inte Stig-Erling fick följa med på kondis! Alla i släkten var inkluderade i hennes omsorg.

Mamma i Morkarla i 75-årsåldern.
I bakgrunden Sven.
(Arkivbild)

~ EN GYLLENE SAX ~

Det förvånar mig inte alls när jag finner en liten sax i mammas handväska. Mamma omgav sig alltid med bra verktyg vilket det gällde kök, linnehantering eller broderi-ändamål. Knivar och saxar skulle vara skarpvässade och anpassade efter ändamål. I min barndom på 1940-talet kom en man då och då in på gården. Han ställde upp sin cykel och på pakethållaren var placerad en maskin för slipning. Tanterna gick ner och för en liten penning fick de sina knivar och saxar slipade. I kökslådan fanns dessutom ett bryne av sandsten, brytning av sådana förekommer både på Gotland och i Orsa.

Jag ler för mig själv när jag tar upp saxen ur väskan. Den är tolv centimeter lång och guldfärgad och har när den köptes legat i ett rött pappersfodral. Med åren har pappen gått sönder och all text går inte längre att urskilja. Jag limmar försiktigt ihop resterna av pappfodralen och stoppar in saxens udd så att den som plockar upp saxen inte skall skada sig. När jag var barn lärde mamma mig att alltid bära en sax med spetsen inne i den knutna handen för att varken skada sig själv eller någon annan.

Varför jag inte blir förvånad över saxen är att mamma aldrig slet upp ett presentband. Vid julklappsutdelningen satta hon sig, tog på sig glasögon och plockade fram en liten sax för att klippa upp snöret och omslagspappret. När hon fick ett brev tog hon fram saxen och klippte av kuvertet vid ena sidan. När hon läst brevet stoppade hon åter in brevet väl synligt i kuvertet.

Ack ja, vad en sax kan berätta!

~ Namnplåt ~

Förr i tiden reste man med stil! Vem av oss har en namnplåt i silver på sin resväska? Jag gissar mig till att mamma som nittonåring köpte sig en liten resväska förmodligen en unikabox när hon skulle fara till Frälsningsarméns Krigsskola som vid den tiden låg på Östermalm i Stockholm. Den byggdes år 1915 och det var mitt under Första världskriget som mamma lämnade Malmö med en resväska på vilken hennes namn fanns ingraverad i en silverplåt.

I väskan låg förmodligen en nattsärk kanske med vita broderier, tandborste och tvål, en liten handduk och ett ombyte med underkläder. Uniformen var det enda klädesplagg hon behövde förutom en tunn yllekappa. Soldatuniformen av svart (eller var den av blått?) ylle bars tillsammans med en huvudbonad som kallades bonett. Det var en vanlig typ av hatt i England som man kan se på filmer som avspeglar början av 1900-talet. I halsen bar hon en brosch med Frälsningsarméns symbol. Frälsningsarmén grundades av William Booth, som fortfarande levde i London vid denna tid. På bilden i slutet av bär hon en vintermössa med texten Frälsningsarmén.

Mamma Signe skrev ner några barn- och ungdomsberättelser och de ingår i ett häfte som trycktes 1997. Jag citerar därifrån:

Realskola eller Frälsningarmén – bara att välja

I skolan gick jag 2 år i Småskola och 4 år i Folkskola som var vanligt (obligatoriskt) men jag gick 5-an och halva 6-an då jag flyttades över till den nybildade realskolan för flickor. Det hade funnits Borgarskolan för pojkar. (Där gick Ture.) Redan innan den hade jag börjat gå till Frälsningsarmén och var helt tänd på den. Jag försummade min skola och ställdes inför kravet: Skolan eller Frälsningsarmén, men ett arbete skulle jag i så fall skaffa mig innan skolans 3-dje termin började. Glad i hågen gick jag till annonspelaren, fann en annons för en kassörska. Gick dit. 11 flickor hade redan sökt, fick skriva mitt namn och adress och efter en stund sa chefen: "när kan ni börja." Idag, blev svaret. En mycket ledsen och besviken mor ställdes inför faktum. Hennes dröm var att få mig till lärarinna. På denna plats, affären hette Blus Specialisten, var jag kvar till jag reste till Krigsskolan.

Vit konfirmationsklänning

Under skoltiden och sen affärstiden inföll min konfirmationsundervisning. Vi var 70 skolflickor. Det året infördes en ny giv. Vi var 35 flickor, som hade den vanliga svarta klänningen och 35 stycken som hade vita. Mor var glad att jag hade vitt som hon tyckte bäst om. Som kompensation, allt för Frälsningsarmén, fick jag sen en blå dräkt. Konfirmationsdagen skrudade jag mej i en brosch med bild av general Booth, men honom tappade jag på väg till kyrkan, hans armé var jag däremot trogen. Inte på arbetet men väl på läsningen hela tiden, hur bråttom det blev, vi läste på kvällarna, gick jag hem och bytte till röd blus och en stor brosch – sköld med Frälsningsarmén.

Jag blev ett med denna rörelse. Gick i Malmö på krogar och ölhallar, sjöng "Låt mig få höra om Jesus" eller "Var är mitt vilsna barn idag" och sen gick det lätt att sälja Stridsrop.

Krigsskolan i Stockholm

I armén blev hela mitt livs ungdomstid. 19 år gammal 3 sept 1914 reste jag till Krigsskolan. Utrustad med gitarr och koffert. Det måste ha varit med en stor försakelse och arbete som mina goda föräldrar hjälpte mig iväg. Det var bestämt hur mycket av alla sorters klädesplagg man skulle ha. Nytt och märkt. Med deras omsorg och välsignelse for jag glad och lycklig till Stockholm. Där blev jag yngst i den brigad jag kom att tillhöra.

Norrlands kyla

Första världskriget hade brutit ut, så vi fick resa ut på fältet redan sista dagarna i november. En kall dag -28 grader kom jag efter nattresa till Bergsjö station. Klädd inte för sådan kyla utan efter Skånes vintrar i Malmö. Jag skulle till Gnarp.

På gästgivargården ville man inte ta ut hästarna, som hade gjort en resa redan i kylan. Så jag tog mina tillhörigheter och skulle gå. Begrepp om väglängd var främmande för mig som aldrig gått längre än på gatorna hemma. Och det här var några kilometer. Då lovade ägaren att efter ett par timmars väntan skulle jag få skjuts.

Ingen fanns i huset jag kom till utan jag letade mej fram till någon som hade nyckel.

Kallt överallt och en tallrik frusen blåbärssoppa stod där. 2,38 var hela kassan jag ägde. I affären köpte jag ett hg kaffe, 1 hg socker och bröd och smör. Hemma kunde jag inte få eld i den sura veden och jag hade aldrig sett hur man späntade stickor och tände med. (Späntade vedstickor köptes hos hökaren Rolson i Malmö för några ören och såldes i knippen.) Efter mycket letande hittade jag en stor fotogenkanna och av denna slog jag direkt i spisen och fick eld. Ja, Gud hjälper barn och dårar; så det gick bra.

Framåt kvällen kom chefen från Sundsvall iklädd stor lånad päls tillsammans med körsvennen. Han fick inte återvända förrän hon examinerat mej: "Kan kadetten sjunga?" Ja lite. Sjung! Då stämmer jag upp: "Jag är så hjärtligt glad och nöjd, att jag på Jesus tror" o.s.v. Det går ju bra, sa hon, men ta en sång till och det gjorde jag: "När den evigt klara morgon gryr med sol och helgdagsfrid..." Då tog hon av pälsen och sedan arbetade vi bra ihop. Men vi var så fattiga att ibland var vatten på en bit socker det enda vi hade. Naturligtvis fick vi lite mat när vi gick på hembesök. Här lärde jag mig äta fett fläskpaltsbröd och långmjölk, och här lärde jag mig cykla i vårbrytningen med djupa hjulspår. I början av april var det återresa till Krigsskolan där jag stannade även nästa årskurs som sergeant.

Värmlands Dalby
På sommaren 1917 kom jag till Värmlands Dalby. Det var så underbart vackert där och jag fick en bra chef så vi var tillsammans 1,5 år där och sen 1 år i Hagfors, då jag själv blev kapten. Flera platser som Fjugesta och Sunne var jag på och sista platsen var Hallsberg.

(Jag har) några minnen, som jag upplevt men kanske nu ser lite annorlunda på:

I Dalby bodde ett präktigt gammalt par som hade en liten dotterdotter, då 7 år ungefär. Flickan lekte varje dag vid ett stenröse som bildade gräns till nästa gård. Gården låg högt upp i berget, enkelt och fattigt. De gamla var frälsningsarmésoldater. De kom en dag och bad oss om hjälp med småtomtar.

Vi var där och fick höra om hur de små varelserna kom in efter flickan var gång hon lekt. De klättrade på bord och pinnsoffan och upp på köksskänken där Bibeln låg. De ryckte flickan i håret och hölls omkring henne. När hon gick ut försvann de i röset. Vi såg ingenting de gånger vi var där, men jag trodde fullt och fast på vad de talade om. Kanske den lilla rörde till bland hemligheterna.

Sysslebäck

(Det var) nio mil till järnvägsstationen Edebäck. Vi gick tillsammans med våra sparkstöttingar påbundna med väska och gitarr hemifrån och till Stöllet där vi fick bo på gästgivargården gratis. På kvällen hade vi möte i någon stuga och spelade och sjöng gjorde vi gästgiveriet. Rastade på vägen (ner och upp likadant) i Ekshärad där det fanns en Frälsningsarmélokal. Den färden företogs några gånger om året. Vi skulle dels till Örebro för möten höst och vår och så semester och kongress.

År 1918 då jag varit på kongress och sen semester reste jag från Malmö över Göteborg med nattåget. Fortsatte sen till Vänersborg där tåget skulle invänta för fortsatt resa. Jag gick av och in i västsalen som var tom, ställde min lilla unikabox (som på den tiden var handbagage) gick en ronda över några gator och tillbaka. På tåget sen upptäckte jag att jag hade haft besök av tjuvar i väskan. Mina smörgåsar var borta, min tvål och handduk och värst av allt ransoneringskorten. Bibeln låg kvar och kuvertet med pengar där hade Mor skrivit: "Får ej borttappas!"

Jag kom till Deje, där stannade tåget för att fortsätta nästa dag. På det lilla pensionatet där jag bodde gick icke att köpa minsta utan ransoneringskort vilket jag icke hade. (Det var väl att jag inte var så matglad då som nu.)

Då jag kom till Edebäck och skulle på gästgiveriet hämta min cykel. Hemska tanke, de hade använt den så väl oljade och rengjorda cykeln, som lämnats in på förvaring 3 veckor tidigare. Tog cykeln lastade på en stor resväska, unikabox och filt och körde iväg. Framåt backarna åt Ekshärad utför i full fart hoppade kedjan av och trasslade in sej i hjulet. Själv flög jag utan flygmaskin nerför och ut i ett dike. Samlade ihop mina grejor, packade på nytt med läderremmar och söljor och fick av den trasiga kedjan och gick iväg.

Det fanns ingen på flera kilometers avstånd som kunde hjälpa mig. När jag fått köpa en ny kedja fortsatte jag. Minns så väl att jag under de två dagarnas cykeltur försökte på många ställen och hem att få köpa något till livs, men nej. Det var svårt med maten 1917 - 1918. Hem kom jag ensam för att under 2 veckor sköta verksamheten. Jag tror inte att jag tyckte synd om mej själv, det skulle bara så vara.

Hallsberg

Ett helt nytt kapitel i mitt liv började i Hallsberg. Här öppnade jag "eld" på Frälsningsarmén. Det fanns bara en soldat, en gammal smed (Boman) som skodde hästar, han hade väntat 25 år att få en egen kår och en egen kapten. Under alla år hade han samlat förtjänsten av försålda Stridsrop, som då var 2 öre på var tidning. Det kom bänkar i den nya lokalen av dessa intjänta slantar.

Vi kom 3 unga flickor fulla av glöd: "Hallsberg för Kristus". Det stod så på fanan som jag mottog samt en nyckel att släppa in folk genom dörren för att höra evangelium, det var på det stora första offentliga mötet som dessa överlämnades av divisionens chef.

I Hallsberg blev något av en folkrörelse genom dessa möten och det nya som kommit. Tidningarna skrev både sanning och lögn om de långa köerna som bildades innan dörrarna öppnades om kvällarna. Man jämförde det med krigstidens matköer. Men sant var inte att vi skrämde folk utan tvärtom. Det var faktisk rörelse i varje hem.

Signe Håkansson som frälsningssoldat.
(Arkivbild)

Signe Håkansson under sina år
som frälsningsofficer i Värmland.
(Arkivbild)

År 1924 vid alliansmöten i Hallsberg
De tre ledarna i Frälsningsarmén med mamma till vänster samt en
pastorsfru
Tre pastorer där pappa sitter till vänster.
(Arkivbild)

~ KÄMPINGE, ETT GAMMALT VYKORT ~

Ett gammalt vykort från år 1910 med en vy från Kämpinge, en fiskeby i Skåne nästan så långt söderut man kan komma. Orten ligger mellan Falsterbo och Trelleborg. På vykortet är avbildat ett typiskt skånskt hus som är vitkalkat. Vindsvåningen har gavlar av träpanel och en skorsten i mitten. Förmodligen är huset ganska nybyggt och inte kunde väl ägarna ana att etthundra år senare skulle huset säljas för många miljoner kronor.

Ett typiskt vitt korsvirkeshus vid en allé och en ojämn och gropig väg med djupa hjulspår. En ryttare har vänt hästen för att vara väl synlig och en kvinna klädd i fotsid kjol, stort förkläde och huckle på huvudet håller ett barn i handen. Vykortets text är "Gatuparti från Kämpinge".

Själva centralorten Vellinge ligger inne i landet. En kommun där numera över femtio procent av befolkningen har akademisk utbildning. Mer av sextio procent av ytan är naturskyddad, vilket är högst i Sverige. Längst kusterna finns goda badmöjligheter. Kämpinge tillhör numera Höllviken som är den mest befolkade orten men i kommunen ingår också Skanör med Falsterbo samt Ljunghusen.

Bakpå kortet finns en anteckning med svag blyerts som lyder "Efter sol kommer regn". Fotografen är Math. Månsson, Hvellinge. Varför detta vykort har bevarats som en skatt är att hela vår familj tillbringade alla somrar där under trettio- och fyrtiotalen. Moster Lotten bodde med sin man och son vid denna väg. Är huset inte hennes så hade hon ett precis likadant.

~ Mamma Signes gamla handväska ~

Jag har glädjen att ha ytterligare en av mammas handväskor i förvar. Den här är äldre och användes på 1940-talet. Jag minns den mycket väl från min barndom och tyckte att den var vacker. Med försiktiga fingertoppar följde jag skinnets prägling och det vackraste av allt var fodret av tunt mjukt skinn. Ytterskinnet är pressat på både fram och baksidan i ett oregelbundet mönster som förmodligen skulle imitera krokodilskinn. På locket är präglat ett par kvistar blommor

Väskans inre består av mjukt blått skinn med vita blommor och har en inbyggd inre väska med två fack inuti varandra. Sammanlagt räknar jag till sju mindre fack.

Jag har alltid gillat den här väskan och njuter av att öppna och stänga den, undersöka alla facken och fundera över vad mamma förvarade i den. Den här väskan är tom. Nästan! När hon levde förvarade hon lite extra sedlar i den, en liten reservkassa. Väskan låg i en byrålåda. När jag nu öppnar väskan finner jag ett plastfodral och i det ligger en hög med fem- och tiokronorssedlar från 1970-talet. De är obrukbara. Ocirkulerade. Kanske skulle en myntsamlare köpa in dem men jag säljer dem inte. De får ligga där i gott förvar.

Jag har ett speciellt minne av den här väskan som jag berättar om i boken Kalejdoskop. Jag är sex år men skall fylla sju om en månad. Jag är redan en skolflicka. Mamma och jag reser från Örebro till Göteborg för att gratulera mormor på hennes åttioårsdag. Hon bor där med sin yngste son Albin som är tillskärare. De bor på Nordhemsgatan. Så här minns jag just denna handväska:

Det är december 1941. Jag skall fylla sju år om en månad och reser med mamma till mormor i Göteborg. På tåg. Först med persontåg från Örebro till Hallsberg. Det tåg där farbror David Rundqvist, faster Klaras man, är konduktör. Han reser fram och tillbaka mellan Krylbo och Mjölby. Ortsnamnen är bekanta. I Örebro ropas i högtalaren ut: "Tåg från Krylbo mot Mjölby ankommer strax på spår två. Stå inte för nära spåret." Det är den vanliga riktningen, inte resa norrut. Söderut är det som gäller.

I Hallsberg byter vi till snälltåget, det kommer från Stockholm och går till Göteborg, då som nu. Det är ingen idé att ta av ytterkläderna på tåget mellan Örebro och

78

Hallsberg, det tar bara en halv timme och där är det gott om plats att sitta. Vi har stannat i Mosås och i Kumla. Bänkarna är av trä, plats för två på varje sida om mittgången, bagagehyllorna är nät gjorda av knuta rep65. Det finns första, andra och tredjeklassvagnar. I tåget delas människor upp efter hur de kan betala.

Mamma har hand om biljetterna, de är fem cm långa och två cm breda av hård papp. På dem står vart vi skall resa. När konduktören kommer tar han biljetterna och klipper ett hål i dem. Mamma förvarar dem i sin handväska, den fina gå-bort-handväskan med ett par blomkvistar präglade på locket. Väskan är fodrad med mjukt mönstrat skinn och den har flera fack inuti varandra, pengar och biljetter läggs i de innersta facken. Vissa fack har bygellås och det hörs tre klick när mamma tillsluter väskan. Det låter betryggande säkert och förnämt.

Nu har jag fyllt åttio år, mamma är död sedan mer än trettio år. Men väskan är kvar och jag håller den i min hand. Jag öppnar det yttre låset. Det knäpper till när jag öppnar bygellåset på det inre facket och därinuti ytterligare ett fack med bygellås. Tre klick när jag öppnar till det innersta facket och tre när jag tillsluter väskan. Jag smeker med handen över väskans prägling och lägger ner den i byrålådan igen. Den är hemlig skatt!

~MAMMA OCH JAG - JAG OCH MAMMA ~

Jag är pappas flicka och pappas flicka är stark.
Jag är också i hög grad min mors dotter.
Här med både hatt och handväska
Troligen år 1965, jag är änka och har en dotter på sex år
det är hon som tagit fotot

Min mamma Signe Ahlbäck fyllde fyrtio år samma år som jag föddes och pappa fyllde fyrtiofem år. Jag var fjärde barnet i familjen. Där fanns tre äldre söner, Ingwar, nio år gammal, Sven-Olof sju år och Per Gunnar fem år. Jag blev yngst och enda dottern.

Hur mina bröder, varav två lever, skulle betrakta de olika tingen som ligger dolda i den här handväskan kan jag inte föreställa mig. Därför måste jag skriva i första person. De har sina minnen som de kan berätta. Det här är mina minnen.

När jag skriver är jag rent subjektiv. Minnen och intryck är filtrerade genom decennier av egna upplevelser, framgångar och tillkortakommande. Ett barns erfarenheter har blivit en gammal kvinnas minnen. Kanske finns där andra minnen som inte släpps fram medvetet eller omedvetet. Nostalgi och romantik förgyller. I minnets spegelbild är allt vackert, kärleksfullt och positivt.

Min barndom var lycklig, lugn och harmonisk. Jag var innesluten i en familj med mamma, pappa och tre äldre bröder. Det förekom aldrig hårda ord, inget bråk, inget skrik och givetvis aldrig varken sprit, kortspel eller övergrepp. Inget spring, ingen oordning. Kanske inte så många leksaker men böcker och pussel och vi ritade och målade på uppsprättade brödpåsar från Kjellgrens. Det gick bra det också.

Vi var inte rika men inte heller fattiga. Vi bodde i en stor lägenhet, åt vällagad (men enkel) mat och hade alltid rena kläder. Jag som enda flicka kunde inte ärva mina bröders kläder men väl deras läroböcker på gymnasiet och det gjorde jag med stolthet.

Vi tyckte om varandra i familjen och när jag nu så många år senare tänker på mamma, pappa och mina bröder så älskar jag dem. Jag har inget ont att säga om mina föräldrar och söker inte heller efter något.

När jag var barn tyckte jag att det lät dumt när vuxna talade om att de var tacksamma mot sina föräldrar. Nu vet jag bättre!

Ibland funderar jag på hur det vore om mamma nu skulle komma in i min lägenhet. Hon skulle se sig omkring och känna igen möbler och tavlor, dukar som hon broderat och ljusstakar som hon ägt. När hon upptäcker att hennes handväska står på bordet skulle hon först bli förvånad. Inte kan man ställa en handväska som prydnad! Men hon skulle snabbt acceptera faktum och gilla det.

Jag önskar att hon och jag tillsammans kunde öppna väskan och ta upp en sak i taget precis som jag beskrivit. Vi skulle skratta tillsammans när hon upptäckte glasögonen. Jag skulle prova dem och hon skulle ta på dem. Men först skulle hon putsa glasen med den lilla duken från Frids. Jag kunde fråga henne om hon köpt glasögonen där eller bara fodralet. Det är så mycket jag inte vet. Hon skulle skratta åt karamellen som ligger i sitt nu lite smutsiga omslag och föreslå att jag skulle kasta det. "Inte behöver du spara tre sackettaskar!" skulle hon säga men jag skulle lägga ner dem igen. Man vet aldrig om de kan kom till användning i ett annat sammanhang.

Jag skulle vilja fråga om hennes kärlek till pappa men det skulle hon inte vilja berätta om. Alla de minnena ville hon behålla för sig själv. Vi skulle komma på sidospår när vi tittade på medlemskortet från FDFO och hon skulle berätta om sin tid inom Frälsningsarmén. Om vykortet från Kämpinge kunde hon berätta vilket hus det var och om det verkligen var morbror Magnus som satt på hästen.

Jag skulle erkänna att jag i mångt och mycket är lik henne och vi skulle båda skratta gott om jag berättade att jag nu som pensionär tvättar skorna under sulan när jag kommer hem. Så gjorde hon och så gör jag. Inte för att jag måste utan för att det är skönt att sätta på sig rena skor när man går ut igen. Mamma var ordningsam och rationell. Hon hade inga fixa idéer utan förmåga att tänka och överväga skälet för sina handlingar.

Jag är glad över att just mamma var min mamma. Jag är tacksam för att mamma är min mor.

~ALGOT OCH SIGNE AHLBÄCKS
BARN, BARNBARN OCH BARNBARNSBARN~

Ingwar o Lilian †   Mats Ahlbäck   Erik +
    Gustav
    Anna Törnquist   Arvid +
    Aron +
    Tora

Ingwar o Barbro

Sven-Olof † o Marianne †
    Maria Åkestam   Nina +
    Kalle
    Per Ahlbäck   Max
    Moa
    Lennart Ahlbäck †   Christoffer
    Paulina +
    Eleonora +

Per Gunnar o Christina
    Sven Ahlbäck
    Pernilla Björk   Anna
    Tor Ahlbäck   Erik
    Johan
    Klara

Margareta o Anders Björndahl †
    Lotta Alverlin   Mimmi

Barnbarns barnbarn betecknas med ett +